The School Of Monsters And Other Bilingual French-English Stories for Kids

Pomme Bilingual

Published by Pomme Bilingual, 2024.

While every precaution has been taken in the preparation of this book, the publisher assumes no responsibility for errors or omissions, or for damages resulting from the use of the information contained herein.

THE SCHOOL OF MONSTERS AND OTHER BILINGUAL FRENCH-ENGLISH STORIES FOR KIDS

First edition. July 9, 2024.

Copyright © 2024 Pomme Bilingual.

ISBN: 979-8224821587

Written by Pomme Bilingual.

Table of Contents

Thierry le Magnifique

Il était une fois, dans un petit village paisible au cœur de la France, un garçon nommé Thierry. Thierry n'était pas un garçon ordinaire. Non, il avait une imagination débordante et un talent pour transformer le quotidien en aventures extraordinaires. Ses amis l'appelaient "Thierry le Magnifique" parce qu'il avait la capacité de rendre chaque journée magique.

Thierry habitait avec ses parents dans une charmante petite maison en pierre, entourée de champs de lavande qui parfumaient l'air. Ses journées étaient rythmées par l'école, les devoirs, et les jeux avec ses amis, mais ce que Thierry aimait par-dessus tout, c'était rêver. Il rêvait de dragons, de chevaliers, de vaisseaux spatiaux et de mondes merveilleux. Chaque soir, avant de s'endormir, il inventait des histoires fantastiques qu'il partageait avec son fidèle chien, Hector.

Un jour, alors qu'il se promenait dans la forêt près de chez lui, Thierry découvrit une vieille carte enfouie sous un tas de feuilles. La carte semblait ancienne et mystérieuse, avec des marques étranges et des symboles inconnus. Thierry, les yeux brillants d'excitation, se dit que cette carte pourrait le mener à un trésor caché.

Avec Hector à ses côtés, Thierry se lança dans une quête épique. Ils traversèrent des rivières, escaladèrent des montagnes et bravèrent des tempêtes. Thierry affronta des créatures étranges et résolut des énigmes complexes. Chaque épreuve était un défi, mais Thierry ne perdit jamais espoir. Son esprit aventureux et son cœur courageux le poussaient toujours à avancer.

Après des jours de voyage, Thierry et Hector arrivèrent enfin à la destination indiquée par la carte. C'était une grotte obscure, cachée derrière une cascade. Thierry, sans hésiter, entra dans la grotte. À l'intérieur, il découvrit un coffre scintillant, rempli de trésors inestimables : des pièces d'or, des bijoux, et des artefacts anciens.

Mais ce trésor n'était pas la véritable récompense. Au fond du coffre, Thierry trouva un petit miroir magique. En regardant dedans, il ne vit pas son reflet, mais un monde fantastique, plein de créatures magiques et de paysages merveilleux. Le miroir était une porte vers un univers parallèle, un endroit où tous ses rêves et ses histoires pouvaient devenir réalité.

Thierry comprit alors que son imagination était sa plus grande richesse. Grâce au miroir, il pouvait voyager entre les mondes, vivre des aventures sans fin et partager ses découvertes avec ses amis et sa famille. Il devint un conteur renommé, inspirant les autres à rêver grand et à croire en l'impossible.

De retour chez lui, Thierry continua à vivre des aventures extraordinaires, toujours accompagné de son fidèle Hector. Il devint une légende dans son village, connu sous le nom de "Thierry le Magnifique", le garçon qui pouvait transformer chaque jour en une histoire merveilleuse.

Thierry the Magnificent

Once upon a time, in a small, peaceful village in the heart of France, there lived a boy named Thierry. Thierry was not an ordinary boy. No, he had an overflowing imagination and a talent for turning the everyday into extraordinary adventures. His friends called him "Thierry the Magnificent" because he had the ability to make every day magical.

Thierry lived with his parents in a charming little stone house, surrounded by fields of lavender that scented the air. His days were filled with school, homework, and playing with his friends, but what Thierry loved most of all was dreaming. He dreamed of dragons, knights, spaceships, and wondrous worlds. Every night, before falling asleep, he invented fantastic stories that he shared with his faithful dog, Hector.

One day, while walking in the forest near his home, Thierry discovered an old map buried under a pile of leaves. The map seemed ancient and mysterious, with strange marks and unknown symbols. Thierry, his eyes sparkling with excitement, thought that this map might lead him to a hidden treasure.

With Hector by his side, Thierry embarked on an epic quest. They crossed rivers, climbed mountains, and braved storms. Thierry faced strange creatures and solved complex riddles. Each challenge was a test, but Thierry never lost hope. His adventurous spirit and courageous heart always pushed him forward.

After days of traveling, Thierry and Hector finally arrived at the destination indicated by the map. It was a dark cave, hidden behind a waterfall. Thierry, without hesitation, entered the cave. Inside, he discovered a sparkling chest, filled with priceless treasures: gold coins, jewels, and ancient artifacts.

But this treasure was not the true reward. At the bottom of the chest, Thierry found a small magic mirror. Looking into it, he didn't see his reflection, but a fantastical world, full of magical creatures and wondrous landscapes. The mirror was a portal to a parallel universe, a place where all his dreams and stories could become reality.

Thierry then understood that his imagination was his greatest treasure. Thanks to the mirror, he could travel between worlds, live endless adventures, and share his discoveries with his friends and family. He became a renowned storyteller, inspiring others to dream big and believe in the impossible.

Back home, Thierry continued to live extraordinary adventures, always accompanied by his faithful Hector. He became a legend in his village, known as "Thierry the Magnificent," the boy who could turn every day into a wonderful story.

Arktos l'Ours Polaire Extraordinaire

———

Il était une fois, dans les contrées glacées de l'Arctique, un ours polaire nommé Arktos. Arktos n'était pas un ours polaire comme les autres. Non, il avait un don spécial, une imagination débordante et un courage à toute épreuve. Arktos rêvait de grandes aventures au-delà de la banquise, où il pourrait découvrir des mondes inconnus et vivre des expériences extraordinaires.

Arktos habitait avec sa famille dans une caverne de glace étincelante, entourée de vastes étendues enneigées et de glaciers majestueux. Ses journées étaient rythmées par la chasse au poisson, les jeux avec ses frères et sœurs, et les longues siestes au soleil d'hiver. Mais ce qu'Arktos aimait par-dessus tout, c'était écouter les histoires que son grand-père lui racontait chaque soir. Des histoires de merveilles et de mystères, de contrées lointaines et de créatures fantastiques.

Un jour, alors qu'il explorait la banquise, Arktos découvrit une vieille bouteille enfouie dans la neige. À l'intérieur de la bouteille se trouvait un message mystérieux, écrit en une langue ancienne. Le message semblait être une carte, indiquant un chemin vers un trésor caché, quelque part au-delà des terres glacées.

Avec son cœur battant d'excitation, Arktos décida de partir à l'aventure. Il partagea sa découverte avec ses amis, Nanook le renard arctique et Aurora le harfang des neiges. Ensemble, ils formèrent une équipe intrépide, prêts à affronter tous les dangers pour découvrir le secret du message.

Leur voyage les emmena à travers des paysages magnifiques et périlleux. Ils traversèrent des montagnes de glace, naviguèrent sur des mers gelées et brisèrent des tempêtes de neige terrifiantes. Arktos affronta des créatures étranges, résolut des énigmes anciennes et surmonta des défis redoutables. Chaque épreuve renforçait leur amitié et leur détermination.

Un jour, après des semaines de voyage, Arktos et ses amis arrivèrent enfin à une île mystérieuse, cachée au cœur d'un immense glacier. Là, ils découvrirent une caverne étincelante, remplie de cristaux lumineux et de trésors inestimables. Mais le véritable trésor était caché plus profondément.

Au fond de la caverne, ils trouvèrent un artefact ancien, une sorte de cristal magique. En le touchant, Arktos eut une vision : il vit des mondes merveilleux, des paysages fantastiques et des créatures incroyables. Le cristal était une clé, une porte vers des dimensions parallèles où l'imagination devenait réalité.

Arktos comprit alors que son voyage n'était que le début d'une aventure encore plus grande. Grâce au cristal magique, il pouvait voyager entre les mondes, découvrir des réalités inimaginables et vivre des histoires extraordinaires. Avec ses amis, il devint un explorateur des mondes, partageant ses découvertes et inspirant les autres à rêver grand.

De retour chez lui, Arktos continua à vivre des aventures incroyables, toujours accompagné de Nanook et Aurora. Ils devinrent des légendes dans leur contrée, connus sous le nom des "Explorateurs de l'Arctique". Leur histoire fut racontée de génération en génération, rappelant à tous que l'imagination et le courage peuvent ouvrir des portes vers des mondes merveilleux.

Arktos the Extraordinary Polar Bear

Once upon a time, in the frozen lands of the Arctic, there lived a polar bear named Arktos. Arktos was not an ordinary polar bear. No, he had a special gift, an overflowing imagination, and unwavering courage. Arktos dreamed of grand adventures beyond the ice floes, where he could discover unknown worlds and live extraordinary experiences.

Arktos lived with his family in a sparkling ice cave, surrounded by vast snowy expanses and majestic glaciers. His days were filled with fishing, playing with his siblings, and long naps in the winter sun. But what Arktos loved most of all was listening to the stories his grandfather told him every night. Stories of wonders and mysteries, distant lands, and fantastic creatures.

One day, while exploring the ice floes, Arktos discovered an old bottle buried in the snow. Inside the bottle was a mysterious message, written in an ancient language. The message seemed to be a map, indicating a path to a hidden treasure, somewhere beyond the frozen lands.

With his heart pounding with excitement, Arktos decided to set off on an adventure. He shared his discovery with his friends, Nanook the Arctic fox and Aurora the snowy owl. Together, they formed a fearless team, ready to face any danger to uncover the secret of the message.

Their journey took them through magnificent and perilous landscapes. They crossed icy mountains, navigated frozen seas, and braved terrifying snowstorms. Arktos faced strange creatures, solved ancient riddles, and overcame formidable challenges. Each trial strengthened their friendship and determination.

One day, after weeks of travel, Arktos and his friends finally arrived at a mysterious island, hidden at the heart of a vast glacier. There, they discovered a sparkling cave, filled with luminous crystals and priceless treasures. But the true treasure lay deeper within.

At the back of the cave, they found an ancient artifact, a kind of magic crystal. Upon touching it, Arktos had a vision: he saw wondrous worlds, fantastic landscapes, and incredible creatures. The crystal was a key, a portal to parallel dimensions where imagination became reality.

Arktos then realized that his journey was just the beginning of an even greater adventure. Thanks to the magic crystal, he could travel between worlds, discover unimaginable realities, and live extraordinary stories. With his friends, he became an explorer of worlds, sharing his discoveries and inspiring others to dream big.

Back home, Arktos continued to live incredible adventures, always accompanied by Nanook and Aurora. They became legends in their land, known as the "Explorers of the Arctic." Their story was told from generation to generation, reminding everyone that imagination and courage can open doors to wondrous worlds.

Le Grand Cirque des Rêves

Il était une fois, dans une petite ville endormie, un cirque pas comme les autres. Ce cirque s'appelait "Le Grand Cirque des Rêves", et il apparaissait mystérieusement chaque année au mois de juin. Les habitants de la ville attendaient avec impatience l'arrivée de ce cirque magique, car il apportait avec lui des merveilles et des spectacles extraordinaires.

Le directeur du cirque, Monsieur Alexandre, était un homme énigmatique avec une grande moustache et des yeux pétillants de malice. Il portait toujours un haut-de-forme et une redingote rouge éclatante. Mais ce qui rendait le cirque vraiment spécial, c'était les artistes qui y travaillaient. Chacun d'eux avait un talent unique et une histoire extraordinaire.

Parmi eux, il y avait Zoé, la trapéziste sans peur, qui volait dans les airs comme un oiseau gracieux. Elle venait d'un petit village de montagne et avait appris à grimper avant même de savoir marcher. Puis, il y avait Max, le clown magique, qui pouvait transformer n'importe quoi en quelque chose de merveilleux. Max avait grandi dans un orphelinat, où il avait découvert son talent pour la magie en transformant des cailloux en jouets pour ses amis.

Et bien sûr, il y avait Barnabé, le géant au cœur tendre, qui pouvait soulever des poids énormes sans effort. Barnabé était né dans une famille de forains et avait passé toute sa vie sur la route, mais il n'avait jamais trouvé un endroit où il se sentait vraiment chez lui, jusqu'à ce qu'il rejoigne Le Grand Cirque des Rêves.

Chaque spectacle du Grand Cirque des Rêves était un voyage vers l'inconnu. Le chapiteau était décoré de mille lumières scintillantes et les spectateurs étaient transportés dans un monde de fantaisie dès qu'ils franchissaient les portes. Il y avait des jongleurs, des acrobates, des musiciens et des animaux exotiques qui faisaient le bonheur des petits et des grands.

Un jour, alors que le cirque venait de s'installer en ville, une mystérieuse lettre fut trouvée à l'entrée du chapiteau. La lettre était écrite sur un parchemin ancien et portait un sceau en cire représentant une étoile. Monsieur Alexandre la lut attentivement et convoqua immédiatement tous les artistes.

"Mes amis," dit-il d'une voix grave mais excitée, "il semble que nous ayons été invités à participer à une compétition très spéciale. Une compétition pour déterminer le meilleur cirque du monde entier !"

Les artistes étaient ravis mais aussi nerveux. Participer à une telle compétition était un honneur immense, mais ils savaient que la concurrence serait féroce. Ils commencèrent à se préparer avec ardeur, perfectionnant chaque numéro et créant de nouveaux spectacles encore plus merveilleux.

Le jour de la compétition arriva enfin. Le Grand Cirque des Rêves se produisit devant un jury composé des plus grands experts du monde du cirque. Zoé exécuta des pirouettes spectaculaires, Max enchanta le public avec ses illusions magiques, et Barnabé fit des démonstrations de force incroyables. Chaque artiste donna le meilleur de lui-même, et le public était en admiration.

Après leur performance, il y eut un silence tendu tandis que le jury délibérait. Enfin, le président du jury se leva et prit la parole.

"Le Grand Cirque des Rêves," dit-il, "a prouvé que la magie du cirque réside dans le cœur et l'âme de ses artistes. Nous sommes honorés d'annoncer que vous êtes les gagnants de cette compétition prestigieuse !"

Les acclamations retentirent et les artistes se réjouirent. Mais pour eux, le véritable prix n'était pas le trophée, mais le sourire et la joie qu'ils avaient apportés au public. Le Grand Cirque des Rêves continua à voyager de ville en ville, apportant avec lui des rêves et des merveilles où qu'il aille.

Et chaque année, au mois de juin, il revenait dans cette petite ville endormie, rappelant à tous que les rêves peuvent devenir réalité si on y croit vraiment.

The Great Circus of Dreams

Once upon a time, in a sleepy little town, there was a circus like no other. This circus was called "The Great Circus of Dreams," and it mysteriously appeared every year in June. The townspeople eagerly awaited the arrival of this magical circus because it brought with it wonders and extraordinary performances.

The ringmaster, Mr. Alexandre, was an enigmatic man with a great mustache and twinkling eyes full of mischief. He always wore a top hat and a bright red tailcoat. But what truly made the circus special were the performers who worked there. Each of them had a unique talent and an extraordinary story.

Among them was Zoé, the fearless trapeze artist, who flew through the air like a graceful bird. She came from a small mountain village and had learned to climb before she could walk. Then there was Max, the magical clown, who could turn anything into something wonderful. Max had grown up in an orphanage, where he discovered his talent for magic by turning rocks into toys for his friends.

And of course, there was Barnabé, the gentle giant, who could lift enormous weights effortlessly. Barnabé was born into a family of traveling entertainers and had spent his entire life on the road, but he had never found a place where he truly felt at home until he joined The Great Circus of Dreams.

Each performance of The Great Circus of Dreams was a journey into the unknown. The big top was decorated with a thousand twinkling lights, and the audience was transported to a world of fantasy as soon as they entered. There were jugglers, acrobats, musicians, and exotic animals that delighted both young and old.

One day, as the circus had just set up in town, a mysterious letter was found at the entrance of the big top. The letter was written on ancient parchment and bore a wax seal depicting a star. Mr. Alexandre read it carefully and immediately summoned all the performers.

"My friends," he said in a grave yet excited voice, "it seems we have been invited to participate in a very special competition. A competition to determine the best circus in the whole world!"

The performers were thrilled but also nervous. Participating in such a competition was an immense honor, but they knew the competition would be fierce. They began to prepare with fervor, perfecting each act and creating new, even more wonderful performances.

The day of the competition finally arrived. The Great Circus of Dreams performed in front of a jury made up of the world's greatest circus experts. Zoé executed spectacular somersaults, Max enchanted the audience with his magical illusions, and Barnabé performed incredible feats of strength. Each performer gave their best, and the audience was in awe.

After their performance, there was a tense silence as the jury deliberated. Finally, the head of the jury stood up and spoke.

"The Great Circus of Dreams," he said, "has proven that the magic of the circus lies in the heart and soul of its performers. We are honored to announce that you are the winners of this prestigious competition!"

Cheers erupted, and the performers rejoiced. But for them, the real prize was not the trophy but the smiles and joy they had brought to the audience. The Great Circus of Dreams continued to travel from town to town, bringing dreams and wonders wherever it went.

And every year in June, it returned to that sleepy little town, reminding everyone that dreams can come true if you truly believe in them.

Marina la Sirène Aventurière

Il était une fois, dans les profondeurs scintillantes de l'océan, une sirène nommée Marina. Marina n'était pas une sirène ordinaire. Non, elle avait un esprit d'aventure et une curiosité insatiable qui la poussaient à explorer les moindres recoins de son royaume aquatique. Tandis que ses sœurs passaient leurs journées à chanter et à jouer, Marina rêvait de mondes lointains et d'histoires extraordinaires.

Marina vivait dans un palais de corail éblouissant, avec des tours en nacre et des jardins de perles. Ses journées étaient rythmées par les leçons de sa mère, la reine Serena, et les escapades secrètes qu'elle faisait avec son meilleur ami, Léo le dauphin. Ensemble, ils exploraient des grottes sous-marines, des épaves mystérieuses et des forêts d'algues enchantées.

Un jour, alors qu'ils nageaient près d'une épave ancienne, Marina découvrit un coffret en bois sculpté, incrusté de pierres précieuses. Curieuse, elle l'ouvrit et trouva un vieux parchemin avec une carte mystérieuse. La carte semblait indiquer l'emplacement d'un trésor légendaire, caché quelque part dans les eaux lointaines de l'océan. Marina, les yeux brillants d'excitation, décida de partir à l'aventure pour trouver ce trésor.

Avec Léo à ses côtés, Marina commença son voyage épique. Ils rencontrèrent de nombreux défis : des courants puissants, des créatures marines étranges et des énigmes anciennes à résoudre. Mais rien ne pouvait arrêter Marina, dont l'esprit aventureux et le courage indomptable la poussaient toujours à avancer.

Leur voyage les mena à travers des paysages sous-marins magnifiques. Ils traversèrent des champs de corail multicolores, des cavernes remplies de trésors oubliés et des profondeurs abyssales où la lumière du soleil n'atteint jamais. Chaque étape de leur quête était une découverte merveilleuse, remplie de dangers mais aussi de magie.

Un jour, après des semaines de voyage, Marina et Léo arrivèrent enfin à la destination indiquée par la carte. C'était une île mystérieuse, cachée au cœur d'un immense récif de corail. Là, ils découvrirent une grotte secrète, gardée par un ancien gardien des mers. Le gardien, un poisson-lanterne sage et ancien, leur posa une dernière énigme.

"Pour trouver le trésor que vous cherchez, vous devez prouver que vous êtes dignes de sa puissance. Répondez à cette question : qu'est-ce qui est plus précieux que l'or, plus rare que les perles, et plus fort que le courant le plus puissant ?"

Marina réfléchit un moment, puis répondit avec assurance : "L'amitié et le courage."

Le gardien des mers sourit et laissa Marina et Léo entrer dans la grotte. À l'intérieur, ils trouvèrent un coffre scintillant rempli de trésors inestimables. Mais le véritable trésor était un cristal magique, capable de donner vie à leurs rêves les plus fous. En touchant le cristal, Marina vit des visions de mondes merveilleux, de paysages fantastiques et de créatures incroyables.

Grâce au cristal, Marina comprit que son voyage n'était que le début d'une aventure encore plus grande. Elle pouvait maintenant voyager entre les mondes, découvrir des réalités inimaginables et vivre des histoires extraordinaires. Avec Léo, elle devint une exploratrice des mondes, partageant ses découvertes et inspirant les autres à rêver grand.

De retour chez elle, Marina continua à vivre des aventures incroyables, toujours accompagnée de Léo. Leur histoire devint une légende parmi les habitants de l'océan, rappelant à tous que l'amitié et le courage peuvent ouvrir des portes vers des mondes merveilleux.

Marina the Adventurous Mermaid

Once upon a time, in the shimmering depths of the ocean, there lived a mermaid named Marina. Marina was not an ordinary mermaid. No, she had a spirit of adventure and an insatiable curiosity that drove her to explore every nook and cranny of her aquatic kingdom. While her sisters spent their days singing and playing, Marina dreamed of distant worlds and extraordinary stories.

Marina lived in a dazzling coral palace, with towers made of mother-of-pearl and gardens of pearls. Her days were filled with lessons from her mother, Queen Serena, and secret escapades with her best friend, Leo the dolphin. Together, they explored underwater caves, mysterious shipwrecks, and enchanted kelp forests.

One day, while swimming near an ancient shipwreck, Marina discovered a carved wooden chest inlaid with precious stones. Curious, she opened it and found an old parchment with a mysterious map. The map seemed to indicate the location of a legendary treasure, hidden somewhere in the distant waters of the ocean. With eyes sparkling with excitement, Marina decided to embark on an adventure to find this treasure.

With Leo by her side, Marina began her epic journey. They encountered many challenges: powerful currents, strange sea creatures, and ancient riddles to solve. But nothing could stop Marina, whose adventurous spirit and indomitable courage always pushed her forward.

Their journey took them through breathtaking underwater landscapes. They crossed fields of multicolored coral, caves filled with forgotten treasures, and abyssal depths where sunlight never reached. Every step of their quest was a wonderful discovery, filled with dangers but also with magic.

One day, after weeks of traveling, Marina and Leo finally arrived at the destination indicated by the map. It was a mysterious island, hidden at the heart of a vast coral reef. There, they discovered a secret cave, guarded by an ancient sea guardian. The guardian, a wise old anglerfish, posed one last riddle to them.

"To find the treasure you seek, you must prove you are worthy of its power. Answer this question: what is more precious than gold, rarer than pearls, and stronger than the mightiest current?"

Marina thought for a moment, then confidently replied, "Friendship and courage."

The sea guardian smiled and allowed Marina and Leo to enter the cave. Inside, they found a glittering chest filled with priceless treasures. But the true treasure was a magical crystal, capable of bringing their wildest dreams to life. When Marina touched the crystal, she saw visions of wonderful worlds, fantastic landscapes, and incredible creatures.

Thanks to the crystal, Marina realized that her journey was just the beginning of an even greater adventure. She could now travel between worlds, discover unimaginable realities, and live extraordinary stories. With Leo, she became an explorer of worlds, sharing her discoveries and inspiring others to dream big.

Back home, Marina continued to live incredible adventures, always accompanied by Leo. Their story became a legend among the inhabitants of the ocean, reminding everyone that friendship and courage can open doors to wonderful worlds.

La Fabuleuse Aventure de Léo et Poppy

Il était une fois, dans un petit village tranquille nommé Saint-Éclair, un garçon appelé Léo et une petite fille appelée Poppy. Léo avait dix ans, des cheveux bruns en bataille et des yeux brillants de malice. Poppy, sa meilleure amie, avait neuf ans, des cheveux blonds bouclés et un sourire qui illuminait la pièce. Ensemble, ils étaient inséparables, partageant des rires, des secrets et une passion pour les aventures.

Un matin d'été, alors qu'ils exploraient le grenier poussiéreux de la maison de Poppy, ils trouvèrent un vieux coffre en bois. Le coffre était orné de motifs mystérieux et verrouillé avec un cadenas rouillé. Après quelques tentatives infructueuses pour l'ouvrir, Léo remarqua un petit papier coincé sous le coffre. Sur le papier était inscrit : "La clé se trouve où les rêves prennent vie."

"Qu'est-ce que ça veut dire?" demanda Poppy, curieuse.

"Ça signifie qu'on doit trouver un endroit où les rêves deviennent réalité," répondit Léo avec un sourire malin. "Et je crois savoir où chercher."

Ils se rendirent rapidement à la bibliothèque du village, un lieu magique pour eux, rempli de livres anciens et de secrets oubliés. Là, ils rencontrèrent Madame Bernadette, la bibliothécaire, une vieille dame avec des lunettes rondes et un air mystérieux.

"Bonjour, Madame Bernadette," dit Léo. "Nous cherchons un endroit où les rêves prennent vie. Avez-vous une idée de ce que cela pourrait être?"

Madame Bernadette les regarda avec un sourire énigmatique. "Vous devriez peut-être chercher dans la section des contes de fées," dit-elle doucement. "On y trouve parfois plus que des histoires."

Léo et Poppy se précipitèrent vers la section des contes de fées et commencèrent à fouiller parmi les étagères. Après quelques minutes, Poppy tira un vieux livre intitulé "Le Jardin des Rêves". En l'ouvrant, une petite clé dorée tomba de ses pages.

"Regarde, Léo! La clé!" s'exclama Poppy.

Ils retournèrent en courant au grenier et insérèrent la clé dans le cadenas. Avec un clic, le coffre s'ouvrit, révélant un parchemin ancien. Sur le parchemin, il y avait une carte menant à un lieu mystérieux en dehors du village.

"On dirait que notre aventure ne fait que commencer," dit Léo, les yeux pétillants.

Ils suivirent la carte, traversant des forêts enchantées et des rivières scintillantes. En chemin, ils rencontrèrent des créatures fantastiques comme des lutins malicieux et des fées lumineuses, qui les aidèrent à décrypter les indices laissés sur la carte.

Après des heures de marche, ils arrivèrent enfin à une clairière cachée, où se trouvait une porte en pierre couverte de vignes. La porte était gravée de symboles anciens et brillait d'une lueur douce.

"Voilà l'endroit," murmura Poppy.

Léo inséra la clé dorée dans la serrure de la porte, et celle-ci s'ouvrit doucement, révélant un jardin magnifique. Des fleurs de toutes les couleurs imaginables s'épanouissaient partout, et des papillons aux ailes scintillantes volaient gaiement. Au centre du jardin se trouvait une fontaine en cristal, dont l'eau brillait comme des diamants liquides.

"Bienvenue dans le Jardin des Rêves," dit une voix douce derrière eux.

Ils se retournèrent et virent une femme élégante avec des cheveux argentés et une robe étincelante. C'était la Gardienne des Rêves, chargée de protéger ce lieu magique.

"Vous avez prouvé que vous avez le courage et le cœur pur pour entrer ici," dit-elle avec un sourire bienveillant. "Le Jardin des Rêves est un lieu où vos désirs les plus profonds peuvent se réaliser."

Léo et Poppy échangèrent un regard émerveillé. "Peut-on vraiment faire n'importe quel vœu?" demanda Poppy.

"Oui, mais rappelez-vous que les vrais rêves viennent du cœur," répondit la Gardienne. "Utilisez cette magie avec sagesse."

Léo fit le premier vœu. Il souhaitait que leur village soit toujours heureux et en paix. Immédiatement, une lumière douce enveloppa Saint-Éclair, remplissant chaque maison de joie et de prospérité. Poppy, quant à elle, souhaitait que leur amitié dure pour toujours, et un lien lumineux se forma entre eux, symbolisant leur promesse éternelle.

Après avoir réalisé leurs vœux, Léo et Poppy remercièrent la Gardienne et quittèrent le Jardin des Rêves, le cœur léger et plein de nouvelles aventures à venir. Ils savaient que tant qu'ils avaient l'un l'autre et leurs rêves, tout était possible.

Et ainsi, Léo et Poppy continuèrent à vivre des aventures extraordinaires, leur amitié renforcée par la magie du Jardin des Rêves. Leur histoire devint une légende dans le village de Saint-Éclair, rappelant à tous que les rêves peuvent vraiment prendre vie si on y croit de tout son cœur.

The Fabulous Adventure of Leo and Poppy

Once upon a time, in a quiet little village named Saint-Éclair, there was a boy called Leo and a little girl called Poppy. Leo was ten years old, with messy brown hair and eyes that sparkled with mischief. Poppy, his best friend, was nine years old, with curly blond hair and a smile that lit up the room. Together, they were inseparable, sharing laughs, secrets, and a passion for adventures.

One summer morning, as they were exploring the dusty attic of Poppy's house, they found an old wooden chest. The chest was adorned with mysterious patterns and locked with a rusty padlock. After a few unsuccessful attempts to open it, Leo noticed a small piece of paper stuck under the chest. On the paper was written: "The key is where dreams come to life."

"What does it mean?" Poppy asked, curious.

"It means we need to find a place where dreams become reality," Leo replied with a sly grin. "And I think I know where to look."

They quickly made their way to the village library, a magical place for them, filled with old books and forgotten secrets. There, they met Madame Bernadette, the librarian, an old lady with round glasses and an air of mystery.

"Hello, Madame Bernadette," Leo said. "We are looking for a place where dreams come to life. Do you have any idea what that could be?"

Madame Bernadette looked at them with an enigmatic smile. "You might want to search in the fairy tale section," she said softly. "You can sometimes find more than just stories there."

Leo and Poppy rushed to the fairy tale section and began rummaging through the shelves. After a few minutes, Poppy pulled out an old book titled "The Garden of Dreams." As she opened it, a small golden key fell from its pages.

"Look, Leo! The key!" Poppy exclaimed.

They ran back to the attic and inserted the key into the padlock. With a click, the chest opened, revealing an ancient scroll. On the scroll was a map leading to a mysterious place outside the village.

"It looks like our adventure is just beginning," Leo said, his eyes sparkling.

They followed the map, crossing enchanted forests and shimmering rivers. Along the way, they met fantastic creatures like mischievous elves and glowing fairies, who helped them decipher the clues left on the map.

After hours of walking, they finally arrived at a hidden clearing, where there was a stone door covered in vines. The door was engraved with ancient symbols and glowed with a soft light.

"This is the place," Poppy whispered.

Leo inserted the golden key into the door's lock, and it slowly opened, revealing a magnificent garden. Flowers of every imaginable color bloomed everywhere, and butterflies with shimmering wings flew happily. In the center of the garden was a crystal fountain, its water sparkling like liquid diamonds.

"Welcome to the Garden of Dreams," said a gentle voice behind them.

They turned and saw an elegant woman with silver hair and a sparkling gown. She was the Guardian of Dreams, tasked with protecting this magical place.

"You have proven that you have the courage and pure heart to enter here," she said with a kind smile. "The Garden of Dreams is a place where your deepest desires can come true."

Leo and Poppy exchanged a look of wonder. "Can we really make any wish?" Poppy asked.

"Yes, but remember that true dreams come from the heart," the Guardian replied. "Use this magic wisely."

Leo made the first wish. He wished for their village to always be happy and at peace. Immediately, a soft light enveloped Saint-Éclair, filling every home with joy and prosperity. Poppy, on the other hand, wished for their friendship to last forever, and a luminous bond formed between them, symbolizing their eternal promise.

After making their wishes, Leo and Poppy thanked the Guardian and left the Garden of Dreams, their hearts light and full of new adventures to come. They knew that as long as they had each other and their dreams, anything was possible.

And so, Leo and Poppy continued to have extraordinary adventures, their friendship strengthened by the magic of the Garden of Dreams. Their story became a legend in the village of Saint-Éclair, reminding everyone that dreams can truly come to life if you believe in them with all your heart.

Gaston et la Ferme Magique

Il était une fois, dans le petit village de Belle-Rivière, un fermier nommé Gaston. Gaston était grand et fort, avec une grosse moustache et un sourire chaleureux. Sa ferme était la plus belle de toute la région, avec des champs de blé doré, des vergers de pommiers croulant sous les fruits, et des animaux heureux gambadant partout.

Mais ce que les habitants de Belle-Rivière ne savaient pas, c'est que la ferme de Gaston était magique. Oui, magique ! Chaque nuit, quand la lune brillait dans le ciel et que les étoiles scintillaient, des choses extraordinaires se produisaient.

Tout commença un soir, alors que Gaston était assis sur son vieux fauteuil en bois, en train de lire un livre de contes. Soudain, il entendit un bruit étrange venant de l'étable. Curieux, il se leva et alla voir ce qui se passait. Lorsqu'il ouvrit la porte de l'étable, il n'en crut pas ses yeux. Tous les animaux étaient debout sur leurs pattes arrière, dansant et chantant !

"Mais qu'est-ce que c'est que ce cirque ?" s'exclama Gaston, ébahi.

Une vache, nommée Marguerite, s'approcha de lui et dit d'une voix douce : "Ne t'inquiète pas, Gaston. Nous avons toujours été magiques, mais nous ne nous montrons que lorsque la lune est pleine."

Gaston n'en revenait pas. "Alors, c'est pour ça que mes cultures sont toujours les plus belles et mes animaux les plus heureux ?"

"Exactement," répondit Marguerite en souriant. "Et nous avons quelque chose à te montrer."

Les animaux emmenèrent Gaston dans une partie de la ferme qu'il n'avait jamais vue auparavant. C'était un jardin secret, caché derrière un vieux mur de pierre recouvert de lierre. Dans ce jardin, il y avait des plantes aux couleurs vives, des fleurs qui brillaient dans le noir et des légumes de toutes les tailles et formes imaginables.

"Bienvenue au Jardin Magique," dit Marguerite. "Ce jardin est la source de toute la magie de la ferme. Il est nourri par les rêves et les espoirs des gens de Belle-Rivière."

Gaston était émerveillé. Il passa des heures à explorer le jardin, découvrant des plantes qui parlaient, des arbres qui dansaient et des ruisseaux de lait au chocolat. Chaque recoin du jardin était une nouvelle surprise.

Cependant, Marguerite avertit Gaston. "Le Jardin Magique doit être protégé. Si quelqu'un de mal intentionné découvre son existence, la magie pourrait disparaître."

Gaston promit de garder le secret et de veiller sur le jardin. Chaque nuit de pleine lune, il rejoignait les animaux dans le jardin, participant à des fêtes enchantées et découvrant de nouveaux mystères.

Un jour, un homme riche et avide nommé Monsieur Dupont entendit parler de la prospérité de la ferme de Gaston. Jaloux, il décida de découvrir le secret de Gaston. Il engagea des espions pour surveiller la ferme, mais aucun ne revint avec des informations. Monsieur Dupont, furieux, décida de s'introduire lui-même dans la ferme lors d'une nuit de pleine lune.

Cette nuit-là, alors que Gaston et les animaux faisaient la fête dans le Jardin Magique, Monsieur Dupont escalada le mur de pierre et aperçut les merveilles du jardin. Ses yeux s'écarquillèrent de convoitise.

"C'est ici que se cache toute la richesse de Gaston," murmura-t-il pour lui-même. "Il faut que je prenne ce jardin pour moi."

Mais au moment où il tenta de cueillir une fleur magique, le jardin réagit. Les plantes commencèrent à pousser à une vitesse incroyable, entourant Monsieur Dupont et l'emprisonnant dans un cocon végétal.

Marguerite s'approcha et dit d'une voix sévère : "Seuls ceux qui ont un cœur pur peuvent entrer dans le Jardin Magique. Ta cupidité t'a trahi, Monsieur Dupont."

Gaston, voyant la scène, décida de donner une seconde chance à Monsieur Dupont. "Si tu promets de changer et de ne plus être avide, nous te laisserons partir."

Monsieur Dupont, terrifié, promit de devenir une meilleure personne. Les plantes relâchèrent leur emprise, et il s'enfuit, ne revenant jamais plus à Belle-Rivière.

La nouvelle de l'aventure de Monsieur Dupont se répandit dans le village, mais personne ne crut réellement à l'histoire de la ferme magique. Pour les habitants, c'était simplement une légende de plus. Cependant, Gaston savait que le Jardin Magique était réel et que tant qu'il veillerait sur lui avec amour et respect, la magie continuerait à prospérer.

Et ainsi, la ferme de Gaston resta la plus belle et la plus prospère de toute la région. Les habitants de Belle-Rivière continuaient de vivre heureux, leurs rêves nourrissant le Jardin Magique sans même qu'ils le sachent. Quant à Gaston, il se délectait de chaque nuit de pleine lune, sachant qu'il faisait partie d'un secret merveilleux, gardé par l'amour, l'amitié et la magie.

Gaston and the Magic Farm

Once upon a time, in the small village of Belle-Rivière, there was a farmer named Gaston. Gaston was tall and strong, with a big mustache and a warm smile. His farm was the most beautiful in the entire region, with fields of golden wheat, apple orchards heavy with fruit, and happy animals frolicking everywhere.

But what the people of Belle-Rivière didn't know was that Gaston's farm was magical. Yes, magical! Every night, when the moon shone in the sky and the stars twinkled, extraordinary things happened.

It all began one evening, as Gaston was sitting in his old wooden chair, reading a book of fairy tales. Suddenly, he heard a strange noise coming from the barn. Curious, he got up and went to see what was happening. When he opened the barn door, he couldn't believe his eyes. All the animals were standing on their hind legs, dancing and singing!

"What is this circus?" Gaston exclaimed, astonished.

A cow named Marguerite approached him and spoke in a gentle voice, "Don't worry, Gaston. We've always been magical, but we only show ourselves when the moon is full."

Gaston was stunned. "So that's why my crops are always the best and my animals the happiest?"

"Exactly," Marguerite replied with a smile. "And we have something to show you."

The animals led Gaston to a part of the farm he had never seen before. It was a secret garden, hidden behind an old stone wall covered in ivy. In this garden, there were brightly colored plants, flowers that glowed in the dark, and vegetables of all imaginable sizes and shapes.

"Welcome to the Magic Garden," said Marguerite. "This garden is the source of all the farm's magic. It is nourished by the dreams and hopes of the people of Belle-Rivière."

Gaston was amazed. He spent hours exploring the garden, discovering talking plants, dancing trees, and streams of chocolate milk. Every corner of the garden was a new surprise.

However, Marguerite warned Gaston. "The Magic Garden must be protected. If someone with ill intentions discovers its existence, the magic could disappear."

Gaston promised to keep the secret and watch over the garden. Every full moon night, he joined the animals in the garden, participating in enchanted parties and discovering new mysteries.

One day, a rich and greedy man named Mr. Dupont heard about the prosperity of Gaston's farm. Jealous, he decided to discover Gaston's secret. He hired spies to watch the farm, but none returned with information. Furious, Mr. Dupont decided to sneak into the farm himself on a full moon night.

That night, as Gaston and the animals were celebrating in the Magic Garden, Mr. Dupont climbed the stone wall and saw the wonders of the garden. His eyes widened with greed.

"This is where Gaston's wealth is hidden," he murmured to himself. "I must take this garden for myself."

But as he tried to pick a magical flower, the garden reacted. The plants began to grow at an incredible speed, surrounding Mr. Dupont and imprisoning him in a vegetal cocoon.

Marguerite approached and spoke in a stern voice, "Only those with a pure heart can enter the Magic Garden. Your greed has betrayed you, Mr. Dupont."

Gaston, seeing the scene, decided to give Mr. Dupont a second chance. "If you promise to change and not be greedy anymore, we will let you go."

Terrified, Mr. Dupont promised to become a better person. The plants released their grip, and he fled, never returning to Belle-Rivière.

The news of Mr. Dupont's adventure spread through the village, but no one really believed the story of the magic farm. For the villagers, it was just another legend. However, Gaston knew that the Magic Garden was real and that as long as he watched over it with love and respect, the magic would continue to thrive.

And so, Gaston's farm remained the most beautiful and prosperous in the entire region. The people of Belle-Rivière continued to live happily, their dreams nourishing the Magic Garden without them even knowing it. As for Gaston, he delighted in every full moon night, knowing that he was part of a wonderful secret, guarded by love, friendship, and magic.

Mireille et l'École des Monstres

Il était une fois, dans une petite ville paisible appelée Plumeville, une fillette nommée Mireille. Mireille avait huit ans, des cheveux roux éclatants et des yeux verts pétillants de curiosité. Elle aimait lire des histoires de monstres et de créatures fantastiques. Mais ce que Mireille ignorait, c'est que son amour pour ces contes allait la mener à vivre une aventure incroyable.

Un soir, alors qu'elle était plongée dans un livre de légendes anciennes, elle trouva une carte mystérieuse glissée entre les pages. La carte montrait un chemin à travers la forêt derrière sa maison, menant à un endroit appelé "L'École des Monstres".

"Ça doit être une blague," pensa Mireille en riant. Mais sa curiosité prit le dessus, et elle décida de suivre la carte.

Le lendemain matin, armée de son sac à dos rempli de collations et de son courage, Mireille se mit en route. La forêt était dense et sombre, mais elle suivit les indications de la carte avec détermination. Après une heure de marche, elle arriva devant une grande porte en bois ornée de gravures étranges. Sur la porte, il y avait une inscription : "École des Monstres - Entrée interdite aux adultes".

"Eh bien, je ne suis pas une adulte," murmura-t-elle en poussant la porte.

La porte s'ouvrit lentement, et Mireille entra dans une cour immense remplie de créatures fantastiques. Il y avait des dragons minuscules volant autour des fleurs, des loups-garous jouant à cache-cache, et des trolls lisant des livres sous les arbres. Au centre de la cour se trouvait un bâtiment majestueux, avec une grande bannière indiquant "Bienvenue à l'École des Monstres".

Émerveillée, Mireille avança prudemment jusqu'à ce qu'elle soit accueillie par une grande créature poilue avec des cornes en spirale.

"Bonjour, petite humaine," dit la créature avec une voix douce. "Je suis Monsieur Gring, le directeur de l'école. Que fais-tu ici ?"

Mireille, un peu intimidée mais excitée, expliqua qu'elle avait trouvé la carte et qu'elle voulait en savoir plus sur cette école. Monsieur Gring sourit.

"Eh bien, nous n'avons jamais eu d'élève humaine ici, mais tu sembles avoir un cœur courageux et une grande curiosité. Tu peux rester et découvrir notre école."

Mireille sauta de joie et suivit Monsieur Gring à travers les couloirs de l'école. Elle rencontra des créatures de toutes sortes, chacune plus fascinante que la précédente. Il y avait la classe de potions magiques, où des sorcières et des magiciens faisaient des expériences. Dans la salle de musique, des sirènes chantaient des mélodies envoûtantes, accompagnées par des gobelins jouant des instruments bizarres. Et dans la cour de récréation, des monstres de toutes tailles jouaient et riaient ensemble.

Mireille se fit rapidement des amis. Il y avait Grizou, un petit dragon bleu qui crachait des bulles de savon au lieu de feu, et Loulou, un loup-garou végétarien qui adorait cuisiner des plats étranges mais délicieux.

Un jour, alors que Mireille explorait la bibliothèque de l'école, elle tomba sur un vieux grimoire qui racontait l'histoire d'un puissant artefact, le Cristal de Lune, capable de protéger l'école des menaces extérieures. Cependant, le cristal avait été perdu depuis des siècles.

"Monsieur Gring, avez-vous entendu parler du Cristal de Lune ?" demanda-t-elle au directeur.

"Ah, oui," répondit-il avec un air mélancolique. "C'est une légende ancienne. On dit que le cristal possède une magie incroyable, mais personne ne sait où il se trouve."

Mireille, toujours avide d'aventure, décida de partir à la recherche du Cristal de Lune. Avec l'aide de ses nouveaux amis, elle se lança dans une quête épique à travers des grottes sombres, des montagnes escarpées et des marais brumeux.

Après des jours de voyage, ils trouvèrent enfin une grotte cachée derrière une cascade scintillante. À l'intérieur, le Cristal de Lune brillait d'une lumière douce et argentée. Mais le cristal était gardé par un immense dragon aux écailles étincelantes.

"Qui ose s'approcher de mon trésor ?" rugit le dragon.

Tremblante mais déterminée, Mireille s'avança. "Nous sommes des élèves de l'École des Monstres. Nous avons besoin du Cristal de Lune pour protéger notre école."

Le dragon, impressionné par le courage de la petite fille, réfléchit un moment. "Très bien. Vous pouvez prendre le cristal, mais rappelez-vous que sa véritable puissance réside dans l'amitié et la bonté."

Mireille et ses amis prirent le cristal et retournèrent à l'école, où ils furent accueillis en héros. Grâce au Cristal de Lune, l'école était désormais protégée de tout danger.

Mireille passa encore de nombreux jours à l'École des Monstres, apprenant des créatures et vivant des aventures inoubliables. Mais un jour, elle sut qu'il était temps de rentrer chez elle.

Monsieur Gring lui fit ses adieux avec émotion. "Tu seras toujours la bienvenue ici, Mireille. N'oublie jamais que la magie la plus puissante est celle qui vient du cœur."

Mireille retourna à Plumeville, son esprit rempli de souvenirs merveilleux. Elle savait qu'elle avait vécu quelque chose d'extraordinaire, et même si personne ne la croyait, elle garda toujours la carte magique en souvenir de ses amis monstres.

Et ainsi, chaque nuit, Mireille rêvait de retourner à l'École des Monstres, où l'amitié et la magie se mélangeaient pour créer les plus belles aventures.

Mireille and the School of Monsters

<hr>

Once upon a time, in the peaceful little town of Plumeville, there was a little girl named Mireille. Mireille was eight years old, with bright red hair and green eyes sparkling with curiosity. She loved reading stories about monsters and fantastic creatures. But what Mireille didn't know was that her love for these tales would lead her to live an incredible adventure.

One evening, while she was engrossed in a book of ancient legends, she found a mysterious map slipped between the pages. The map showed a path through the forest behind her house, leading to a place called "The School of Monsters."

"This must be a joke," Mireille thought, laughing. But her curiosity got the better of her, and she decided to follow the map.

The next morning, armed with her backpack full of snacks and her courage, Mireille set off. The forest was dense and dark, but she followed the map's directions with determination. After an hour of walking, she arrived at a large wooden door adorned with strange carvings. On the door, there was an inscription: "School of Monsters - No adults allowed."

"Well, I'm not an adult," she whispered, pushing the door.

The door opened slowly, and Mireille entered a vast courtyard filled with fantastic creatures. There were tiny dragons flying around the flowers, werewolves playing hide-and-seek, and trolls reading books under the trees. In the center of the courtyard stood a majestic building, with a large banner saying "Welcome to the School of Monsters."

Amazed, Mireille cautiously moved forward until she was greeted by a large furry creature with spiral horns.

"Hello, little human," said the creature in a gentle voice. "I am Mr. Gring, the school's headmaster. What are you doing here?"

Mireille, a bit intimidated but excited, explained that she had found the map and wanted to learn more about the school. Mr. Gring smiled.

"Well, we've never had a human student here, but you seem to have a brave heart and great curiosity. You can stay and discover our school."

Mireille jumped for joy and followed Mr. Gring through the school's hallways. She met creatures of all kinds, each more fascinating than the last. There was the potion-making class, where witches and wizards conducted experiments. In the music room, mermaids sang enchanting melodies, accompanied by goblins playing bizarre instruments. And in the playground, monsters of all sizes played and laughed together.

Mireille quickly made friends. There was Grizou, a small blue dragon who blew soap bubbles instead of fire, and Loulou, a vegetarian werewolf who loved cooking strange but delicious dishes.

One day, while Mireille was exploring the school's library, she came across an old grimoire that told the story of a powerful artifact, the Moon Crystal, capable of protecting the school from external threats. However, the crystal had been lost for centuries.

"Mr. Gring, have you heard of the Moon Crystal?" she asked the headmaster.

"Ah, yes," he replied with a melancholy air. "It's an ancient legend. It is said that the crystal possesses incredible magic, but no one knows where it is."

Mireille, always eager for adventure, decided to search for the Moon Crystal. With the help of her new friends, she embarked on an epic quest through dark caves, steep mountains, and misty marshes.

After days of travel, they finally found a cave hidden behind a shimmering waterfall. Inside, the Moon Crystal glowed with a soft, silvery light. But the crystal was guarded by a huge dragon with shimmering scales.

"Who dares to approach my treasure?" roared the dragon.

Trembling but determined, Mireille stepped forward. "We are students from the School of Monsters. We need the Moon Crystal to protect our school."

The dragon, impressed by the little girl's courage, thought for a moment. "Very well. You may take the crystal, but remember that its true power lies in friendship and kindness."

Mireille and her friends took the crystal and returned to the school, where they were welcomed as heroes. Thanks to the Moon Crystal, the school was now protected from any danger.

Mireille spent many more days at the School of Monsters, learning from the creatures and living unforgettable adventures. But one day, she knew it was time to go home.

Mr. Gring bid her an emotional farewell. "You will always be welcome here, Mireille. Never forget that the most powerful magic comes from the heart."

Mireille returned to Plumeville, her mind filled with wonderful memories. She knew she had experienced something extraordinary, and even if no one believed her, she always kept the magic map as a reminder of her monster friends.

And so, every night, Mireille dreamed of returning to the School of Monsters, where friendship and magic combined to create the most beautiful adventures.

42

Le Grand Secret de la Forêt

———

Il était une fois, dans une forêt dense et mystérieuse, un renard nommé Rémi. Rémi n'était pas un renard ordinaire. Il portait toujours un chapeau haut-de-forme noir et un nœud papillon rouge vif. Son allure distinguée faisait de lui le renard le plus élégant de toute la forêt. Mais ce qui rendait Rémi vraiment spécial, c'était son esprit vif et son cœur généreux.

Un beau matin, alors que Rémi se promenait le long d'un sentier couvert de feuilles dorées, il entendit des murmures provenant d'un vieux chêne. Curieux comme il l'était, il s'approcha pour écouter. Les murmures parlaient d'un grand secret caché au plus profond de la forêt, un secret capable de changer la vie de tous les animaux.

"Le grand secret," murmura Rémi avec enthousiasme. "Je dois le découvrir !"

Rémi se mit immédiatement en quête du secret. Sa première étape fut de rendre visite à son vieil ami, Bertrand le hibou, qui vivait dans un grand sapin au bord de la rivière.

"Bertrand," appela Rémi, "j'ai besoin de ton aide pour découvrir le grand secret de la forêt."

Bertrand, avec ses grandes lunettes rondes et son air sage, regarda Rémi attentivement. "Le grand secret, dis-tu ? Je crois que cela pourrait être lié à la légende de la pierre lumineuse. Une pierre si brillante qu'elle éclaire les cœurs les plus sombres."

Rémi, excité par cette nouvelle, demanda où il pourrait trouver cette pierre. Bertrand lui raconta une vieille histoire sur une grotte cachée derrière la grande cascade de la forêt, où la pierre serait gardée par un ancien gardien.

Sans perdre un instant, Rémi partit en direction de la cascade. Sur son chemin, il croisa plusieurs amis qui voulurent se joindre à son aventure. Il y avait Lily la lapine, Hugo le hérisson, et Clara la chouette. Ensemble, ils formaient une équipe de rêve, prête à affronter tous les défis.

Après plusieurs heures de marche, le groupe arriva enfin à la grande cascade. L'eau tombait avec une telle force qu'elle créait un arc-en-ciel permanent à ses pieds. Derrière ce rideau d'eau, ils découvrirent l'entrée sombre d'une grotte.

"Nous y voilà," déclara Rémi en entrant le premier. La grotte était froide et humide, mais au fond, une lumière faible mais constante les guidait. Plus ils s'approchaient, plus la lumière devenait intense.

Soudain, une voix profonde retentit. "Qui ose pénétrer dans ma grotte ?"

Tous se figèrent de peur, mais Rémi, avec son courage habituel, répondit : "Nous sommes des amis de la forêt. Nous cherchons la pierre lumineuse pour découvrir le grand secret."

Un grand ours apparut, ses yeux brillants d'une sagesse ancienne. "La pierre lumineuse n'est pas un simple trésor. Elle ne révèle ses secrets qu'à ceux qui ont un cœur pur et des intentions sincères."

Rémi et ses amis firent un pas en avant, leur cœur battant à l'unisson. "Nous voulons aider notre forêt," dit Rémi avec conviction. "Nous croyons en l'amitié et en la bonté."

L'ours, touché par leurs paroles, s'écarta pour révéler une pierre d'un blanc éclatant, posée sur un piédestal en pierre. La lumière qu'elle émettait réchauffa immédiatement leurs cœurs.

"Approchez," dit l'ours. "Touchez la pierre et découvrez le grand secret."

Rémi tendit la patte et, en touchant la pierre, une vision lui apparut. Il vit la forêt prospérer, les animaux vivant en harmonie, partageant leurs ressources et aidant ceux dans le besoin. La pierre lumineuse n'était pas seulement une source de lumière physique, mais aussi un symbole d'unité et de solidarité.

"Le grand secret de la forêt est l'amitié," murmura Rémi, les yeux brillants de larmes de joie. "Ensemble, nous pouvons surmonter tous les obstacles."

Rémi et ses amis remercièrent l'ours et quittèrent la grotte avec la pierre lumineuse. De retour dans la forêt, ils partagèrent leur découverte avec tous les animaux. Peu à peu, la forêt changea. Les animaux commencèrent à travailler ensemble, à partager leurs ressources et à veiller les uns sur les autres.

Rémi, avec son chapeau haut-de-forme et son nœud papillon, devint un symbole d'espoir et de bonté. Grâce à lui et à ses amis, la forêt devint un lieu de paix et de prospérité. Et chaque soir, au coucher du soleil, la pierre lumineuse brillait de mille feux, rappelant à tous le pouvoir de l'amitié et de l'unité.

The Great Forest Secret

Once upon a time, in a dense and mysterious forest, there lived a fox named Rémi. Rémi was no ordinary fox. He always wore a black top hat and a bright red bow tie. His distinguished appearance made him the most elegant fox in the entire forest. But what truly set Rémi apart was his quick wit and generous heart.

One fine morning, as Rémi was strolling along a path covered in golden leaves, he heard whispers coming from an old oak tree. Being the curious fox that he was, he approached to listen. The whispers spoke of a great secret hidden deep within the forest, a secret that could change the lives of all the animals.

"The great secret," Rémi whispered excitedly. "I must discover it!"

Rémi immediately set out to uncover the secret. His first stop was to visit his old friend Bertrand the owl, who lived in a tall pine tree by the river.

"Bertrand," called Rémi, "I need your help to discover the great secret of the forest."

Bertrand, with his large round glasses and wise demeanor, looked at Rémi attentively. "The great secret, you say? I believe it might be related to the legend of the luminous stone. A stone so bright it illuminates the darkest hearts."

Excited by this news, Rémi asked where he could find this stone. Bertrand told him an old story about a hidden cave behind the great waterfall of the forest, where the stone was guarded by an ancient keeper.

Without wasting a moment, Rémi headed towards the waterfall. Along the way, he met several friends who wanted to join his adventure. There was Lily the rabbit, Hugo the hedgehog, and Clara the owl. Together, they formed a dream team, ready to face any challenge.

After several hours of walking, the group finally arrived at the great waterfall. The water fell with such force that it created a permanent rainbow at its base. Behind this curtain of water, they discovered the dark entrance to a cave.

"Here we are," declared Rémi, entering first. The cave was cold and damp, but at the back, a faint but steady light guided them. The closer they got, the more intense the light became.

Suddenly, a deep voice echoed. "Who dares enter my cave?"

They all froze with fear, but Rémi, with his usual courage, replied, "We are friends of the forest. We seek the luminous stone to uncover the great secret."

A large bear appeared, his eyes shining with ancient wisdom. "The luminous stone is not just a treasure. It reveals its secrets only to those with a pure heart and sincere intentions."

Rémi and his friends stepped forward, their hearts beating as one. "We want to help our forest," said Rémi with conviction. "We believe in friendship and kindness."

The bear, touched by their words, stepped aside to reveal a brilliantly white stone resting on a stone pedestal. The light it emitted warmed their hearts instantly.

"Approach," said the bear. "Touch the stone and discover the great secret."

Rémi extended his paw, and as he touched the stone, a vision appeared before him. He saw the forest thriving, animals living in harmony, sharing their resources, and helping those in need. The luminous stone was not just a source of physical light, but a symbol of unity and solidarity.

"The great secret of the forest is friendship," Rémi murmured, tears of joy shining in his eyes. "Together, we can overcome any obstacle."

Rémi and his friends thanked the bear and left the cave with the luminous stone. Back in the forest, they shared their discovery with all the animals. Gradually, the forest changed. The animals began to work together, share their resources, and look out for one another.

Rémi, with his top hat and bow tie, became a symbol of hope and kindness. Thanks to him and his friends, the forest became a place of peace and prosperity. And every evening, at sunset, the luminous stone shone brightly, reminding everyone of the power of friendship and unity.

Poly le Perroquet et l'Aventure Électrisante

Il était une fois, dans la jungle luxuriante de l'Amazonie, un perroquet nommé Poly. Poly n'était pas un perroquet comme les autres. Ses plumes étaient d'un bleu électrique si éclatant qu'il semblait illuminer la canopée partout où il allait. Mais ce qui rendait Poly vraiment unique, c'était sa capacité incroyable à imiter n'importe quel son qu'il entendait, de la douce mélodie d'un ruisseau qui coule à l'appel perçant d'un aigle.

Poly vivait dans un arbre gigantesque avec une vue imprenable sur toute la jungle. Il aimait voler entre les arbres, découvrir de nouveaux sons et imiter les cris des autres animaux, parfois même en les embrouillant un peu. Mais ce qui plaisait le plus à Poly, c'était raconter des histoires. Des histoires qu'il avait entendues de voyageurs, de vieilles légendes transmises de génération en génération, ou même des aventures qu'il inventait lui-même.

Un jour, alors que Poly explorait une partie de la jungle qu'il ne connaissait pas, il entendit un bruit étrange, un bourdonnement qu'il n'avait jamais entendu auparavant. Curieux comme toujours, il vola dans la direction du bruit et découvrit une clairière où un groupe d'animaux était rassemblé. Au centre de la clairière, il y avait un vieux générateur à essence, vrombissant et produisant de l'électricité.

"Qu'est-ce que c'est que cette chose ?" demanda Poly à haute voix, surprenant tout le monde.

Un vieux singe à lunettes, nommé Hugo, s'approcha. "C'est un générateur, Poly. Il produit de l'électricité, quelque chose de très puissant mais aussi très dangereux si mal utilisé."

Poly était fasciné. "De l'électricité ? Ça a l'air incroyable ! Mais pourquoi est-il ici, au milieu de la jungle ?"

Hugo expliqua que le générateur avait été laissé par des humains qui étaient venus étudier la faune et la flore, mais qu'ils étaient partis en laissant cette machine derrière eux. Les animaux de la jungle avaient appris à l'utiliser pour s'éclairer la nuit et pour d'autres besoins.

Cependant, Poly remarqua quelque chose d'étrange. Le générateur faisait un bruit de plus en plus fort et irrégulier. "Hugo, ce générateur ne semble pas aller bien," dit Poly avec inquiétude.

Hugo soupira. "Tu as raison, Poly. Il est vieux et commence à tomber en panne. Si nous ne trouvons pas une solution rapidement, il pourrait exploser et causer beaucoup de dégâts."

Poly savait qu'il devait faire quelque chose. Il se rappela alors une vieille légende qu'il avait entendue, parlant d'une source d'énergie naturelle cachée dans les profondeurs de la jungle, appelée la Fleur de Lumière. On disait que cette fleur possédait une énergie si pure qu'elle pouvait alimenter toute la jungle sans danger.

"Nous devons trouver la Fleur de Lumière," déclara Poly avec détermination. "Elle est notre seule chance de remplacer ce générateur dangereux."

Hugo, bien qu'un peu sceptique, accepta de suivre Poly dans cette quête. Bientôt, d'autres animaux se joignirent à eux : Zara le jaguar, Tim le tatou et Mimi la grenouille. Ensemble, ils partirent à l'aventure, guidés par les récits et les instincts de Poly.

Leur voyage à travers la jungle fut semé d'embûches. Ils traversèrent des rivières tumultueuses, escaladèrent des montagnes escarpées et évitèrent des prédateurs affamés. Mais grâce à l'esprit vif de Poly et à l'aide précieuse de ses amis, ils surmontèrent chaque obstacle.

Un soir, alors qu'ils campaient sous les étoiles, Poly raconta une autre légende pour remonter le moral de ses compagnons. "Il y a longtemps, dans une jungle lointaine, un groupe d'animaux courageux a trouvé la Fleur de Lumière et a sauvé leur foyer. Leur courage et leur amitié étaient leur plus grande force."

Ses mots inspirèrent le groupe, renforçant leur détermination à trouver la fleur. Finalement, après plusieurs jours de marche, ils atteignirent une clairière lumineuse, au centre de laquelle se trouvait une fleur magnifique. La Fleur de Lumière irradiait une énergie douce et chaleureuse, illuminant tout autour d'elle.

"Nous y sommes," chuchota Poly, émerveillé. "La Fleur de Lumière."

Mais leur joie fut de courte durée. Un immense serpent, gardien de la fleur, apparut soudain. "Qui ose s'approcher de la Fleur de Lumière ?" siffla-t-il.

Poly, tremblant mais déterminé, s'avança. "Nous ne voulons pas lui faire de mal. Nous avons besoin de son énergie pour sauver notre jungle."

Le serpent les regarda longuement avant de parler. "La Fleur de Lumière n'accorde son énergie qu'à ceux qui montrent un cœur pur et des intentions nobles. Montrez-moi que vous êtes dignes."

Poly et ses amis se regardèrent, puis, un par un, ils racontèrent au serpent pourquoi ils avaient entrepris cette quête, parlant de leur amour pour la jungle et de leur désir de protéger leur foyer.

Le serpent, touché par leur sincérité, hocha la tête. "Très bien. Vous avez prouvé votre valeur. Prenez une partie de l'énergie de la Fleur de Lumière et utilisez-la à bon escient."

Avec précaution, Poly cueillit une petite partie de la fleur, qui continua de briller intensément. Le groupe retourna alors à leur clairière avec la précieuse énergie. En utilisant la Fleur de Lumière, ils remplacèrent le générateur défectueux et illuminèrent la jungle d'une lumière douce et sécurisante.

Grâce à Poly et à ses amis, la jungle était désormais éclairée par une source d'énergie naturelle et inoffensive. Les animaux pouvaient vivre en paix, sans craindre une explosion imminente. Et chaque soir, sous la lumière bienveillante de la Fleur de Lumière, Poly racontait de nouvelles histoires, inspirant ses compagnons à toujours croire en la magie de l'amitié et de l'aventure.

Et ainsi, Poly le perroquet et ses amis vécurent de nombreuses autres aventures, mais toujours, ils se rappelaient de leur quête pour la Fleur de Lumière et du pouvoir de l'amitié qui les avait unis.

Poly the Parrot and the Electrifying Adventure

Once upon a time, in the lush jungle of the Amazon, there lived a parrot named Poly. Poly was no ordinary parrot. His feathers were an electric blue so bright that he seemed to light up the canopy wherever he went. But what truly made Poly unique was his incredible ability to mimic any sound he heard, from the gentle melody of a flowing stream to the piercing call of an eagle.

Poly lived in a gigantic tree with a breathtaking view of the entire jungle. He loved flying between the trees, discovering new sounds, and mimicking the calls of other animals, sometimes even confusing them a bit. But what Poly loved most was telling stories. Stories he had heard from travelers, old legends passed down through generations, or even adventures he invented himself.

One day, as Poly explored a part of the jungle he didn't know, he heard a strange noise, a buzzing he had never heard before. Curious as always, he flew in the direction of the noise and discovered a clearing where a group of animals was gathered. At the center of the clearing was an old gas generator, buzzing and producing electricity.

"What is this thing?" Poly asked aloud, surprising everyone.

An old monkey with glasses, named Hugo, approached. "That's a generator, Poly. It produces electricity, something very powerful but also very dangerous if misused."

Poly was fascinated. "Electricity? That sounds amazing! But why is it here, in the middle of the jungle?"

Hugo explained that the generator had been left by humans who had come to study the wildlife and plants but had left the machine behind when they departed. The jungle animals had learned to use it to light up at night and for other needs.

However, Poly noticed something strange. The generator was making a louder and more irregular noise. "Hugo, this generator doesn't seem to be doing well," Poly said with concern.

Hugo sighed. "You're right, Poly. It's old and starting to break down. If we don't find a solution quickly, it could explode and cause a lot of damage."

Poly knew he had to do something. He then remembered an old legend he had heard, speaking of a natural energy source hidden deep in the jungle, called the Flower of Light. It was said that this flower possessed such pure energy that it could power the entire jungle safely.

"We need to find the Flower of Light," declared Poly with determination. "It's our only chance to replace this dangerous generator."

Hugo, though a bit skeptical, agreed to follow Poly on this quest. Soon, other animals joined them: Zara the jaguar, Tim the armadillo, and Mimi the frog. Together, they set off on the adventure, guided by Poly's tales and instincts.

Their journey through the jungle was fraught with obstacles. They crossed turbulent rivers, climbed steep mountains, and avoided hungry predators. But thanks to Poly's quick thinking and the valuable help of his friends, they overcame each challenge.

One evening, as they camped under the stars, Poly told another legend to lift his companions' spirits. "Long ago, in a distant jungle, a group of brave animals found the Flower of Light and saved their home. Their courage and friendship were their greatest strength."

His words inspired the group, strengthening their determination to find the flower. Finally, after several days of walking, they reached a luminous clearing, at the center of which stood a magnificent flower. The Flower of Light radiated a gentle and warm energy, illuminating everything around it.

"We made it," Poly whispered, amazed. "The Flower of Light."

But their joy was short-lived. An enormous snake, the guardian of the flower, suddenly appeared. "Who dares approach the Flower of Light?" he hissed.

Poly, trembling but determined, stepped forward. "We mean it no harm. We need its energy to save our jungle."

The snake looked at them for a long time before speaking. "The Flower of Light grants its energy only to those who show a pure heart and noble intentions. Show me you are worthy."

Poly and his friends looked at each other, then, one by one, they told the snake why they had undertaken this quest, speaking of their love for the jungle and their desire to protect their home.

The snake, touched by their sincerity, nodded. "Very well. You have proven your worth. Take a part of the Flower of Light's energy and use it wisely."

Carefully, Poly picked a small part of the flower, which continued to shine brightly. The group then returned to their clearing with the precious energy. Using the Flower of Light, they replaced the faulty generator and illuminated the jungle with a gentle and safe light.

Thanks to Poly and his friends, the jungle was now lit by a natural and harmless energy source. The animals could live in peace, without fearing an imminent explosion. And every evening, under the benevolent light of the Flower of Light, Poly told new stories, inspiring his companions to always believe in the magic of friendship and adventure.

And so, Poly the parrot and his friends lived many more adventures, but they always remembered their quest for the Flower of Light and the power of friendship that had united them.

9 798224 821587